NIXON

La presidencia del Watergate
y del fin de la guerra de Vietnam

Por Sébastien Afonso
En colaboración con Thomas Jacquemin
Traducido por Laura Bernal Martín

Historia en50MINUTOS.es

RICHARD MILHOUS NIXON

CARNET DE IDENTIDAD

- **¿Nacimiento?** El 9 de enero de 1913 en Yorba Linda, California (Estados Unidos).
- **¿Muerte?** El 22 de abril de 1994 en Nueva York (Estados Unidos).
- **¿Partido político?** El Partido Republicano.
- **¿Fechas de las elecciones?**
    - El 5 de noviembre de 1968.
    - El 7 de noviembre de 1972.
- **¿Duración del mandato?** Seis años.
- **¿Principales aportaciones?**
    - Fin de la intervención militar estadounidense en Vietnam en 1973.
    - Apertura diplomática a la China maoísta y, más tarde, a la Unión Soviética.

INTRODUCCIÓN

Richard Milhous Nixon es sin duda uno de los políticos estadounidenses del siglo XX que más pasión y rechazo ha despertado. Brillante, intrigante, mentiroso, paranoico: no faltan calificativos —y tampoco caricaturas— para ilustrar la complejidad de este personaje. En la memoria colectiva, el nombre del 37.º presidente de los Estados Unidos está ciertamente asociado con el escándalo Watergate que puso fin a su carrera política.

La meteórica ascensión política de este hombre, que parte

de la nada, tiene lugar en un contexto de anticomunismo visceral vinculado a la Guerra Fría (1945-1990), con el que está de acuerdo y que le permite destacar. Cuando accede a la presidencia, la sociedad estadounidense está pasando por una profunda crisis y se encuentra más dividida que nunca.

En materia de política exterior, su presidencia está marcada por éxitos innegables: abre la vía de la Distensión (1962-1979) y, en especial, logra poner fin a la intervención militar estadounidense en Vietnam. Sin embargo, algunos temas más oscuros e impopulares contaminan su mandato, como su participación en la caída de Salvador Allende Gossens (hombre de Estado chileno, 1908-1973) y, en política interior, el escándalo Watergate.

En cualquier caso, su presidencia marca un hito en la historia estadounidense y en las relaciones internacionales.

BIOGRAFÍA

JUVENTUD, FORMACIÓN Y CARRERA PROFESIONAL

Richard Milhous Nixon, el 37.º presidente de los Estados Unidos, nace el 9 de enero de 1913 en Yorba Linda (California) en un entorno modesto. Su padre, Frank Nixon (1878-1956), es originario de Ohio y es conductor de tranvía antes lanzarse a la agricultura. Después abre una gasolinera y una tienda de comestibles en Whittier, un suburbio de Los Ángeles, tras casarse con Hannah Milhous (1885-1967), una cuáquera rigorista. Richard Milhous Nixon es el segundo de los cinco chicos que componen la familia.

Su educación se caracteriza por la privación material y la austeridad moral. En la escuela, resulta ser un niño estudioso, brillante y un excelente orador. Completa sus estudios de secundaria en Whittier en 1934, y entra en la Universidad de Duke (Carolina del Norte, en la costa este), donde se forma como jurista. Obtiene su título de abogado en 1937. Regresa a California y ejerce durante cuatro años en el colegio de abogados de Whittier. Por esa época conoce a Thelma Patricia Ryan (1912-1993), con quien se casa en 1940 y tiene dos hijas, Tricia y Julie.

En 1942, la pareja se muda a Washington, donde Richard Milhous Nixon encuentra trabajo en una agencia federal responsable del control de precios. Ese mismo año, insatisfecho con su situación profesional, se alista en la marina. Su trabajo consta esencialmente de tareas administrativas, por lo que no tiene la oportunidad de luchar durante la Segunda Guerra Mundial (1939-1945). Sin embargo, abandona el ejército con el grado de teniente de navío.

ENTRADA EN LA ESCENA POLÍTICA

Entonces, su carrera toma un giro inesperado. Después de su desmovilización a principios de 1946, los republicanos de California contactan con él para que los represente y para vencer a su opositor demócrata procedente del distrito 12. Tras una agresiva campaña, gana las elecciones. Es elegido representante de California (1947-1951), y destaca por su virulento anticomunismo. Su participación en la investigación del Comité de Actividades Antiamericanas contra un exdiplomático, Alger Hiss (1904-1996), declarado culpable de espionaje para los servicios secretos soviéticos, le da una cierta notoriedad.

¿SABÍAS QUE...?

Los Estados Unidos atraviesan un período profundamente anticomunista que da lugar a una verdadera caza de brujas entre 1950 y 1954. Joseph Raymond McCarthy (1908-1957), senador de Wisconsin, presta su nombre a esta «caza a los rojos», persiguiendo a posibles agentes comunistas infiltrados en la administración y en los círculos intelectuales y artísticos. El macartismo lleva a la ejecución de Julius (ingeniero electricista, 1918-1953) y de Ethel Rosenberg (su esposa, 1915-1953), acusados de haberle revelado secretos atómicos a la Unión

El 7 de noviembre de 1950 es elegido senador de California, y un año más tarde es designado vicepresidente de los Estados Unidos en el gobierno de Dwight David Eisenhower (1890-1969). Acusado de malversación de fondos electorales a su favor, logra justificarse y no se le lleva a juicio. Es reelegido en 1956, y en la práctica dirige la política de los Estados Unidos a raíz de la enfermedad del presidente. En 1959 tiene que viajar a Moscú, donde debate con el líder soviético Nikita Serguéievich Kruschev (1894-1971) sobre las respectivas virtudes del capitalismo y del comunismo.

Se presenta como candidato republicano a las elecciones de 1960, pero es derrotado por el demócrata John Fitzgerald Kennedy (1917-1963). Dos años más tarde, sufre otra derrota cuando se presenta para lograr el cargo de gobernador de California y decide retirarse temporalmente de la vida política.

Debate televisado que enfrenta a Nixon con su rival a la presidencia, John F. Kennedy.

ELECCIONES PRESIDENCIALES Y DIMISIÓN

Convertido de nuevo en un simple abogado de negocios de Wall Street, logra reconstruir pacientemente su base política. Vuelve a ser nominado candidato republicano para las elecciones presidenciales de noviembre de 1968, y supera a su oponente, el demócrata Hubert Horatio Humphrey (1911-1978), prometiéndole a los electores que acabará enseguida con la guerra de Vietnam. Sin embargo, la intervención de los Estados Unidos en el conflicto se mantiene hasta 1973.

Campaña de 1968.

Richard Milhous Nixon obtiene especialmente buenos resultados en los asuntos internacionales. En particular, destaca la firma en 1972 de un tratado con la URSS sobre las armas nucleares, y la apertura de las relaciones con la China comunista.

Reelegido con una amplia mayoría en 1972, se ve sacudido por el escándalo Watergate. Las revelaciones de las malversaciones orquestadas por su administración amenazan con su destitución. Acorralado, dimite el 8 de agosto de 1974. Entonces es reemplazado por su vicepresidente, Gerald Rudolph Ford (1913-2006), que le concede la inmunidad por todos los delitos cometidos durante sus mandatos presidenciales. El caso Watergate, sin embargo, no aparta totalmente de la escena política estadounidense a Richard Nixon. De hecho, a finales de los años 70, todavía realiza numerosos viajes, en especial a China y a la URSS. También escribe algunas obras, entre las que se encuentran sus memorias, antes de morir de un ataque cardíaco el 22 de abril de 1994 en Nueva York.

CONTEXTO POLÍTICO, SOCIAL Y ECONÓMICO

PRINCIPALES PROYECTOS SOCIALES DE LOS AÑOS SESENTA

La política estadounidense de los años sesenta está marcada por el intervencionismo federal de los presidentes demócratas, que ponen en marcha importantes proyectos de reforma social. Así, John Fitzgerald Kennedy, elegido en 1960, le propone a los estadounidenses en su discurso de investidura frenar una «Nueva Frontera» (*New Frontier*, en referencia al mito estadounidense de la Frontera en la conquista del Oeste), la de los prejuicios y la pobreza. Sin embargo, hay que esperar a su asesinato en Dallas el 22 de noviembre de 1963 para que Lyndon Baines Johnson (1908-1973), ahora presidente, intensifique las reformas sociales. Durante su mandato (1963-1969), logra que el Congreso adopte el programa de igualdad de derechos y de justicia social iniciado por su predecesor. Esta voluntad de cambio y de progreso es parte de su ambición por construir una «Gran Sociedad» (*Great Society*).

En un contexto de crecimiento económico, la *Great Society* de Lyndon Baines Johnson constituye un programa de reformas legislativas y sociales particularmente ambicioso que prevé:

- la aplicación de la Ley de Derechos Civiles, la Civil Rights Act de 1964, que prohíbe cualquier forma de discriminación en los lugares y servicios públicos, mientras que la Voting Rights Act de 1965 garantiza el acceso de la población negra a las urnas;

- el comienzo de una lucha contra la pobreza, particularmente en materia de salud. El presidente crea un sistema de salud pública (julio de 1965), el Medicare, destinado a los ancianos, y el Medicaid, que se encarga de la medicalización de los más pobres;
- el aumento del gasto social entre 1960 y 1965. El sistema educativo recibe ayudas federales, así como la vivienda y la cultura.

Esta política de *Welfare State* («estado de bienestar») obtiene resultados significativos y contribuye, en primer lugar, a reducir la pobreza. Sin embargo, a pesar una coyuntura económica positiva, los conservadores critican con fuerza la intervención del Estado, denunciando el desorbitado coste de tales medidas. Pero en 1967, la guerra de Vietnam domina los debates y obstaculiza las reformas.

LA SOCIEDAD ESTADOUNIDENSE EN PLENA EBULLICIÓN

Paradójicamente, mientras se desarrollan ambiciosos programas sociales, la sociedad americana de los años sesenta atraviesa una grave crisis de identidad. Las bases del *American Way of Life* son objeto de críticas tanto sociales como culturales y étnicas.

¿SABÍAS QUE...?

La expresión *American Way of Life* se refiere a un

modelo de sociedad que se impone y culmina en los
años cincuenta, cuando los Estados Unidos atraviesan
un período de prosperidad y de crecimiento económico
sin precedentes. El *American Way of Life* es un estilo de
vida y una aspiración a la felicidad que se caracteriza por
un apego al éxito material y a los bienes de consumo
correspondientes (automóvil, casa en las afueras, elec-
trodomésticos, etc.). El resultado es un cierto consenso
y conformismo ideológico que asocia el éxito individual
al consumismo desenfrenado.

A finales de los años cincuenta, los negros abren la vía al
conflicto luchando contra la segregación social y a favor de
la adquisición de la igualdad de los derechos civiles. El tema
del Black Power se hace cada vez más eco, al igual que exal-
tación de la negritud (*Black is beautiful*). Algunos movimientos, como el Black Panther Party (el Partido Pantera Negra,
un movimiento revolucionario afroamericano formado en
California), creado en 1966, acaban con la no violencia. A
partir de entonces, con la pobreza y la segregación como
telón de fondo, se suceden disturbios en los guetos de las
grandes ciudades durante los años 1964-1968:

- en 1965, los disturbios en el suburbio de Watts (Los
  Ángeles), que estallan tras un banal incidente entre un
  negro y un policía blanco, se saldan con 34 muertos y más
  de 1000 heridos. Los impresionantes daños causados se
  valoran en 40 millones de dólares;
- un movimiento de revuelta que nace en Nashville
  (Tennessee) y en Houston (Texas) en mayo de 1967 se

extiende a más de 110 ciudades y alcanza su apogeo en Newark y en Detroit en julio, donde los disturbios se cobran 300 víctimas;

- después de que Malcolm Little, conocido como Malcolm X (hombre político estadounidense, 1925-1965) sea asesinado en febrero de 1965, le toca el turno al líder Martin Luther King (pastor estadounidense, 1929-1968), abatido el 4 de abril de 1968. La noticia provoca un brote de violencia en todo el país.

A la protesta, iniciada por la lucha de los negros, se le unen progresivamente otros grupos étnicos minoritarios. Después de numerosas huelgas y de un boicot nacional a las uvas, los chicanos (estadounidenses de origen mexicano), que trabajan principalmente en el sector vitícola, obligan a las grandes compañías agrícolas a negociar con la Union of Farm Workers, el sindicato de trabajadores agrícolas y de vendimiadores californianos. Por su parte, los amerindios crean el American Indian Movement (Movimiento Indígena Estadounidense) en 1968 y multiplican unas espectaculares acciones que tienen como objetivo obtener el reconocimiento de su cultura y su opresión. Así, ocupan simbólicamente la isla de Alcatraz durante 19 meses a contar a partir de noviembre de 1969.

La toma de conciencia de las injusticias sociales se acompaña de la politización de la juventud. Con casi 8 millones de estudiantes al final de la década de 1960, las universidades se convierten en los principales focos de protesta. En particular, asistimos a la emergencia del movimiento de la «Nueva Izquierda» (New Left) en el entorno estudiantil.

Entre los líderes se encuentra el filósofo Herbert Marcuse (1898-1979), que critica tanto la sociedad capitalista estadounidense como el sistema del comunismo soviético. En 1962, este movimiento es relevado por grupos como el SDS (Students for a Democratic Society) que tiene una ideología heterogénea que combina el anarquismo y el pacifismo, el socialismo y el marxismo, etc. El clima de protesta se intensifica en los campus universitarios en octubre de 1964 con el Free Speech Movement (Movimiento Libertad de Expresión) que comienza en la Universidad de Berkeley (California).

A partir de 1965, la intensificación de la guerra de Vietnam y el desarrollo de la conscripción (reclutamiento militar basado en el llamamiento del contingente) contribuyen al crecimiento de los involucrados en la protesta estudiantil. En paralelo, la juventud desarrolla una cultura inconformista que contribuye al éxito de los movimientos.

¿SABÍAS QUE...?

La contracultura se caracteriza por el rechazo al conformismo de la sociedad estadounidense de los años sesenta. Se personifica, en primer lugar, en la literatura, con escritores como Allen Ginsberg (1926-1997) y Jack Kerouac (1922-1969) —que representan la Beat Generation—, y después se orienta a la celebración de las drogas, de la libertad sexual, y del arte. Su mejor símbolo son los *hippies*, que entre otras cosas promueven la no violencia y la vida en comunidad.

Finalmente, la protesta de las mujeres también surge poco

a poco. En su libro *La mística de la feminidad*, la socióloga Betty Friedan (1921-2006) expresa la alienación social sufrida por las mujeres. En 1966, funda con otras intelectuales la NOW (Organización Nacional para las Mujeres, por sus siglas en inglés) para denunciar la discriminación sexual, abogar por la anticoncepción y obtener el derecho al aborto.

DE LA DISTENSIÓN AL ESTANCAMIENTO VIETNAMITA

El contexto internacional de principios de los años sesenta está marcado por importantes crisis como la construcción del muro de Berlín del 12 al 13 de agosto de 1961 y la crisis de los misiles de Cuba de 1962. Esta última lleva a las dos superpotencias a esforzarse para evitar cualquier confrontación directa. Aunque no pone fin a la Guerra Fría, marca la entrada en un período de coexistencia relativamente pacífica.

A partir de ahora, los estadounidenses toman la delantera en la carrera científica que enfrenta a los dos países. Anteriormente adelantados por los Sputniks soviéticos, los Estados Unidos logran poner en órbita la primera nave espacial con un ser vivo a bordo en 1962 y realizar la primera salida al espacio de un hombre —Neil Alden Armstrong (1930-2012)— que camina sobre la Luna el 21 de julio de 1969.

Pero la situación en Vietnam se convierte en la principal preocupación de la sociedad estadounidense. Sin darse cuenta, los Estados Unidos se sumen en una guerra mortífera e impopular, que aísla a los estadounidenses en la escena internacional. Fieles a su doctrina de contención del comunismo, apoyan un régimen autoritario en Vietnam del Sur contra el Vietnam del Norte comunista. En 1960 se crea un frente nacional de liberación, compuesto por marxistas y nacionalistas, que participan entonces en una lucha armada.

El Estado Mayor estadounidense no es consciente de que la guerra en la que se implica tiene una dimensión nacional y no puede reducirse a una lucha anticomunista, y que implica un esfuerzo prolongado, sin objetivo territorial y sin que la salida de la misma esté clara. Por la forma en que empieza, la guerra de Vietnam no llama mucho la atención de la opinión pública estadounidense antes de 1965:

- después de ayudar a los franceses durante la guerra de Indochina (1940-1954), los estadounidenses promueven, en 1955, la llegada al poder en Vietnam del Sur de Ngo Dinh Diem (1901-1963), un católico profundamente anticomunista;
- en 1960, la situación en Vietnam se deteriora con la gradual reconquista del Sur por el Vietnam del Norte de Ho Chi Minh (1890-1969), pero el conflicto sigue siendo marginal y aún desconocido para la mayoría de los estadounidenses;
- sin embargo, el número de asesores militares estadounidenses involucrados continúa aumentando. Mientras que solo eran 700 en 1961, un año más tarde hay 3200 y a finales de 1962 la cifra se sitúa en 12 000. En el momento de la desaparición de John Fitzgerald Kennedy, Vietnam del Sur tiene 16 000 asesores.

La resolución del golfo de Tonkín, aprobada por el Congreso de los Estados Unidos en el mes de agosto de 1964, marca un verdadero punto de inflexión en la guerra. En respuesta a los ataques con lanchas torpederas de Vietnam del Norte que se habrían producido contra un destructor estadounidense (el Maddox) el 2 y el 4 de agosto, el presidente Lyndon Baines Johnson obtiene del Congreso la libertad de reaccionar por la fuerza, sin someter a voto la declaración de guerra. La intervención no se hace esperar:

- en marzo de 1965, los estadounidenses deciden lanzar la operación Rolling Thunder («trueno sobre ruedas»), que consiste en una campaña de bombardeo intensivo en Vietnam del Norte cuyo objetivo es destruir la infraestructura militar y obstruir el apoyo a las fuerzas comunistas del Sur;

- como los bombardeos masivos no dan los resultados previstos, el número de jóvenes estadounidenses involucrados comienza a aumentar, pasando de 23 000 hombres en 1964 a 536 000 en 1968. Sin embargo, las fuerzas estadounidenses siguen siendo numéricamente inferiores a las de Vietnam del Sur.

En el terreno, se produce una guerra de desgaste donde apenas se distingue a los humildes campesinos de los vietcongs. Mezcladas con la población local o refugiadas en zonas impenetrables, las fuerzas estadounidenses no logran una victoria decisiva, mientras que la aviación bombardea incansablemente el norte del país con un arsenal diverso y destructivo (napalm, defoliantes, bombas de racimo y armas químicas).

EL AUMENTO DE LA OPOSICIÓN

A medida que la implicación de las fuerzas estadounidenses aumenta, se desarrolla una protesta que denuncia lo que parece cada vez más ser una «guerra sucia».

Las filas de los que se oponen a la guerra de Vietnam aumentan, multiplicando las manifestaciones pacifistas. La introducción de la conscripción en 1965 para reclutar a nuevos efectivos suscita el descontento de los jóvenes reclutados y de sus familias. Por otra parte, se señala la elusión del sistema de reclutamiento por parte de los jóvenes procedentes de entornos acomodados.

Sin embargo, antes del final del año 1967, las encuestas muestran que más del 60 % de los estadounidenses apoyan la política del presidente, negándose a la humillación de una retirada. Pero debido a la intensificación del esfuerzo de guerra, a unas pérdidas cada vez más importantes y al crecimiento de la mediatización del conflicto, la protesta de los movimientos pacifistas se vuelve más violenta.

El 30 de enero de 1968, año nuevo vietnamita, el lanzamiento de una ofensiva general, llamada de «Tet», perpetrada por los vietcongs y por los vietnamitas del norte sobre una centena de ciudades, incluyendo Saigón (la actual Ciudad Ho Chi Minh), demuestra la vulnerabilidad de los Estados Unidos y de sus aliados survietnamitas. La duda sobre si la victoria será rápida se instala entonces en el seno del poder. Tanto es así que, el 31 de marzo, el presidente Lyndon Baines Johnson anuncia el cese de los bombardeos en el Norte y el inicio de las negociaciones.

Aunque la mejora económica no parece amenazada en vísperas de la campaña presidencial de 1968, los Estados Unidos parecen lejos de lo que eran hace diez años: el conformismo se cuestiona, la sociedad parece más escéptica que nunca sobre el rumbo que se ha tomado y, sobre todo, el país está atrapado en una guerra lejana que se eterniza.

Encuentro entre Lyndon B. Johnson y Nixon, el 26 de julio de 1968.

MOMENTOS CLAVE

EL PROGRAMA POLÍTICO DE 1968

El 5 de noviembre de 1968, el republicano Richard Milhous Nixon es elegido presidente por una ajustada mayoría: supera por poco al candidato demócrata Hubert Horatio Humphrey —que obtiene la mayoría del voto afroamericano.

Investidura de Nixon el 20 de enero de 1969.

La guerra de Vietnam, el caos de las manifestaciones pacifistas y los disturbios raciales son factores que dividen a los Estados Unidos. Richard Milhous Nixon, a la escucha de lo que llama «la mayoría silenciosa», sabe potenciar su experiencia política con un programa destinado a tranquilizar a una opinión pública preocupada por los problemas y contraria a la permisividad dominante. Logra convencer a la clase media blanca formada por agricultores, comerciantes, empleados, funcionarios y trabajadores cualificados, que permanece al margen de los movimientos de protesta. Para llegar a estos «olvidados», desarrolla un programa electoral centrado en dos ejes principales: el orden y la prosperidad. Sobre estos temas, y con la supuesta amenaza a los valores estadounidenses, organiza la conquista de su electorado y critica las políticas llevadas a cabo hasta la fecha:

- critica la forma en que los demócratas han dirigido la guerra de Vietnam. Promete, además, poner fin a una guerra que divide a la sociedad estadounidense, encontrar una salida digna del conflicto y restablecer la presencia internacional del país;
- denuncia los proyectos costosos e infructuosos de reformas sociales de sus predecesores y critica especialmente un intervencionismo estatal que ha aumentado la inflación;
- partidario de la vuelta al orden, condena los excesos de la política de integración de las minorías étnicas, que solo han engendrado violencia.

Sin embargo, como presidente, Richard Milhous Nixon debe enfrentarse a un Congreso demócrata que mantiene la mayoría en el Senado y en la Cámara de Representantes. Aunque sale victorioso de las elecciones de 1968, y también de las de 1970 y 1972, los demócratas solo le dejan a la nueva administración republicana un reducido margen de maniobra.

MANDATOS AFECTADOS POR LAS CRISIS ECONÓMICAS

Desde los inicios de su primer mandato, Richard Milhous Nixon hereda una difícil situación, marcada por un deterioro de la economía estadounidense. La principal fuente de preocupación es el aumento progresivo del desempleo, que alcanza el 6 % en 1970. La economía sigue siendo próspera, sin duda, pero reina el pesimismo.

En primer lugar, el presidente debe enfrentarse a un déficit presupuestario y comercial. Ya desde el comienzo de los años sesenta, la balanza de pagos estadounidense (ecuación que calcula el conjunto de los flujos de valores entre un país y el extranjero) muestra un déficit alimentado por las reducciones de impuestos, el gasto militar y las inversiones extranjeras. Estos problemas, relacionados con la amenaza de la inflación, llevan al nuevo presidente a modificar su orientación económica:

- para frenar la crisis, adopta una política liberal y monetarista (1969-1971) que consiste en ralentizar el crecimiento de la masa monetaria reduciendo gradualmente el gasto presupuestario;
- la inflación en aumento (entre 6 y 8 % por año) y el déficit presupuestario (que llega a 23 mil millones de dólares en 1971) tienen un efecto directo sobre la balanza de pagos. La recesión aparece en 1971 y arruina cualquier plan de equilibrar el presupuesto. Por lo tanto, la economía estadounidense se enfrenta a una verdadera estanflación (estancamiento económico asociado con la inflación);

- Richard Milhous Nixon adopta entonces una política de recuperación económica más keynesiana que le lleva a poner fin a la convertibilidad del dólar en oro y a dejar flotar la moneda estadounidense, a presentar un recargo del 10 % a las importaciones y a bloquear los precios y los salarios.

A pesar de estas medidas, la inflación persiste e incluso alcanza un 8,8 % en 1973, el dólar continúa su devaluación y el crecimiento se interrumpe.

La situación se recupera un poco a principios de 1972, como anuncia Henry Kissinger (politólogo y diplomático estadounidense nacido en 1923), gracias a un acuerdo de paz inminente en Vietnam, lo cual ayuda a explicar la reelección triunfal de Richard Milhous Nixon en noviembre de 1972. De hecho, es apoyado por el 61 % de los votos, es decir, una mayoría de 17 millones de votos. Después de su reelección, se enfrenta nuevamente a un deterioro de la situación económica. Pero no consigue detener el aumento de los precios ni el crecimiento del desempleo, que alcanza el 7,2 % en 1973.

Con la crisis del petróleo de 1973, una crisis exógena aflige a los Estados Unidos. La guerra de Yom Kipur (octubre-noviembre de 1973), que tiene lugar en el marco del conflicto árabe-israelí, lleva a los países de la OPEP (Organización de Países Exportadores de Petróleo), a favor de la causa árabe, a realizar un embargo petrolero entre octubre de 1973 y marzo de 1974. Por consiguiente, los precios del petróleo se disparan. Paradójicamente, esta crisis energética es favorable a los Estados Unidos, pero hace que se eleve la inflación en Europa. En 1974, el dólar sube, lo que permite la recuperación de la balanza comercial.

LA POLÍTICA SOCIAL Y REGULATORIA DEL PRESIDENTE

La llegada al poder de Richard Nixon no supone una ruptura significativa con los programas sociales implementados por sus predecesores demócratas, al contrario de lo que hacía presagiar la postura expresada durante la campaña de 1968. De hecho, beneficiándose de los votos de los que abogaban por la reducción del intervencionismo del Estado federal, el gasto social se multiplica por siete durante su presidencia.

El 22 de enero de 1970, revela en su mensaje sobre el Estado de la Unión su proyecto de «nueva revolución americana», que incluye un conjunto de medidas relativas a los seguros de salud, a la protección del medio ambiente o a la redistribución de la ayuda financiera federal a los Estados. Algunas medidas tienen éxito:

- aumenta significativamente el gasto social en beneficio de los ancianos y de las personas más desfavorecidas;
- para hacer que se cumplan las regulaciones destinadas a garantizar la salud y la seguridad de los trabajadores, funda en 1970 la OSHA (Administración de Seguridad y Salud Ocupacional, por sus siglas en inglés);
- establece una serie de leyes ambientales. Se crea la EPA (Agencia de Protección Ambiental, por sus siglas en inglés), una agencia de protección del medio ambiente.

Sin embargo, su proyecto no aparece entre sus medidas más importantes. Para redirigir el intervencionismo heredado de la *Great Society*, propone aplicar el FAP (Plan de Asistencia Familiar), un plan de reforma de la ayuda social que garantiza una renta mínima anual para todas las familias de los trabajadores más pobres. Ahora, el reto es acabar con la ayuda que solo beneficia a los negros y a otras minorías y llegar a todos los desfavorecidos. Pero ante la doble oposición de los conservadores y de los liberales, su plan fracasa y se ve obligado a abandonarlo en 1972.

Por otra parte, el presidente quiere reorientar algunas subvenciones federales de carácter social. En su discurso sobre el Estado de la Unión del 22 de enero de 1971, sugiere el establecimiento de un nuevo federalismo descentralizador que tenga como objetivo compartir los ingresos con los estados y los municipios. Aunque el proyecto fracasa, el 20 de octubre de 1972 obtiene la aprobación de la Revenue Sharing Act, que le deja a los estados durante cinco años la libre disposición de una pequeña parte de las subvenciones concedidas por Washington.

Ante el problema de las minorías, Richard Nixon no pone trabas a las leyes civiles para terminar con la segregación. Exceptuando su deseo de constituir un «capitalismo negro» y la creación para este propósito de la Office of Minority Business Enterprise en marzo de 1969, cuya misión es fomentar la actividad comercial de las minorías, la actitud adoptada por el presidente es de perfil bajo (negligencia benigna) con el fin de evitar toda agitación social. En cuanto a la cuestión de la integración, la administración de Richard Nixon sigue siendo hostil al *busing*, que consiste en mezclar a estudiantes negros y blancos en las escuelas gracias al transporte en autobuses escolares.

Lejos de aparecer como un conservador enajenado, encarna más bien a un republicano de políticas centristas o incluso progresistas en el ámbito social.

LA DIFÍCIL SALIDA DEL ATOLLADERO VIETNAMITA

Richard Nixon, que llega al poder en enero de 1969 sin un plan específico, busca una forma digna de retirar a las fuerzas estadounidenses sin dejar de proteger a Vietnam del Sur de los ataques del Norte. A pesar de sus promesas de terminar la guerra rápidamente, participa activamente en su continuación y, en marzo de 1969, aprueba en secreto el bombardeo de supuestas bases de vietcongs en Camboya, un país que, sin embargo, es oficialmente neutral. Por otra parte, el contingente que se envía al frente aumenta cada vez más hasta abril de 1969: se calcula que en ese momento hay 543 000 hombres desplegados. Estas medidas tienen como resultado que su popularidad caiga.

No es hasta julio de 1969 que Richard Nixon comienza a suavizar las tensiones gracias a la estrategia que recibiría el nombre de «vietnamización» del conflicto. A partir de ahora, sustituye progresivamente las tropas estadounidenses por fuerzas de survietnamitas, previamente equipadas y entrenadas por ellos. Este apoyo indirecto permite fortalecer los efectivos del ejército survietnamita continuando al mismo tiempo con la retirada gradual de las fuerzas terrestres estadounidenses.

En los Estados Unidos, los movimientos pacifistas y estudiantiles siguen presionando hasta el alto el fuego y la supresión de la conscripción en junio de 1973:

- el 15 de octubre de 1969, más de 250 000 personas hacen campaña en Washington contra la guerra de Vietnam;
- en abril de 1970, la invasión de Camboya provoca una revuelta en unos 400 campus. El 4 de mayo, unos graves disturbios en la Kent State University (Ohio) se cobran 4 vidas. Ante el aumento de la violencia, el Congreso se ve obligado a suprimir, en julio de 1970, la resolución del golfo de Tonkín de 1964.

Algunos otros escándalos movilizan de la misma forma a la

opinión pública en contra del ejecutivo, y la oposición a la guerra crece. La matanza cometida por los soldados estadounidenses en la aldea de My Lai (en el norte de Vietnam del Sur), revelada por la prensa 18 meses después de los hechos, es ocultada por el ejecutivo. Del mismo modo, la publicación de documentos secretos, los Papeles del Pentágono, en junio de 1971 por el *New York Times*, a pesar del intento del presidente de censurar a la prensa, muestra que se estaba engañando al Congreso y a la opinión pública sobre la realidad de la participación de los Estados Unidos en Vietnam, y se hace evidente que el incidente del golfo de Tonkín estuvo instrumentalizado.

Este clima de protesta ayuda a acelerar las negociaciones. Entonces, Richard Nixon le confía a Henry Kissinger, su asesor especial para asuntos de seguridad, la misión de entrar en contacto con el representante de Vietnam del Norte, Le Duc Tho (1911-1990), procurando al mismo tiempo que esto no se filtre. Las negociaciones concluyen el 28 de enero de 1973 con el Acuerdo de París, que pone fin a la intervención estadounidense. Sobre el terreno, la tregua solo dura dos años, antes de que las fuerzas norvietnamitas retomen la ofensiva en marzo de 1975. Sin el apoyo estadounidense, Vietnam del Sur se derrumba y la capital, Saigón, cae el 30 de abril.

UNA POLÍTICA EXTERIOR MARCADA POR LA DISTENSIÓN

La rivalidad con el mundo comunista ha evolucionado y Richard Nixon continúa el proceso de Distensión que comenzó unos años antes.

Entonces, se produce un vuelco espectacular de la estrategia con respecto a China. Henry Kissinger propone, de hecho, que los Estados Unidos ejerzan de árbitro en una nueva relación triangular con China y la URSS. El presidente hace suya esta estrategia, que juega con las distensiones existentes entre China y la URSS —esta última no puede permitir que se desarrollen relaciones sino-estadounidenses sin reaccionar. La visita oficial de Richard Nixon a Pekín en febrero de 1972 y su encuentro con el presidente Mao Zedong (1893-1976) marca un importante paso diplomático.

Los resultados de esta estrategia de apertura dan sus frutos. Las relaciones con la Unión Soviética mejoran, reforzadas por la visita del presidente estadounidense a Moscú en mayo de 1972 y por la de Leonid Ilich Brezhnev (1906-1982) a los Estados Unidos en junio de 1973. El diálogo entre las dos superpotencias está guiado por la estrategia de *linkage* (estrategia que consiste en vincular los asuntos de ambos países, en hacer concesiones en un ámbito para obtener contrapartidas en otro). Respecto a las armas nucleares, la Unión Soviética y los Estados Unidos firman simbólicamente, el 26 de mayo de 1972, el primer acuerdo SALT (Strategic Arms Limitation Talks) relativo a la limitación de armas estratégicas, mientras que las relaciones comerciales se regularizan.

Sin embargo, Richard Nixon sigue siendo fiel a la doctrina de contención comunista, lo que lleva a los Estados Unidos a apoyar dictaduras y regímenes políticos represivos:

- en este sentido, apoya la dictadura militar en Grecia y aprueba el derrocamiento del arzobispo Makarios III (prelado y hombre de Estado chipriota, 1913-1977) en 1974;
- en Chile, el régimen socialista de Salvador Allende Gossens, elegido democráticamente en 1970, se desestabiliza. El presidente de Estados Unidos está directamente involucrado en el golpe de Estado militar organizado el 11 de septiembre de 1973 por el general Pinochet (oficial y hombre de Estado chileno, 1915-2006), que cuenta con el apoyo de la CIA. Durante el golpe, Salvador Allende Gossens se suicida.

A pesar de innegables éxitos diplomáticos, estas operaciones empañan la imagen de los Estados Unidos y de su presidente en todo el mundo.

LA CRISIS DEL PODER PRESIDENCIAL: EL CASO WATERGATE

La campaña de 1972 con la que Richard Nixon consigue ser reelegido de forma triunfal también es el punto de partida de un gran escándalo que pone en tela de juicio a la institución presidencial. El 17 de junio de 1972, cinco hombres —que al principio se cree que son ladrones— son interrogados por la policía en los locales de la sede del Partido Demócrata en Washington, en el hotel Watergate. Equipados con micrófonos espía, rápidamente se hace evidente que este equipo, cuya misión era instalar un sistema de escucha clandestina, está formado por antiguos agentes de la CIA asociados con el CRP (Comité para la reelección del presidente).

La investigación de dos periodistas del *Washington Post* y, después, una misión de investigación senatorial creada en abril de 1973, revelan que varias personalidades del entorno presidencial están directamente involucradas en el caso. También se descubre que Richard Nixon graba todas las conversaciones que mantiene en su despacho de la Casa Blanca. Cuando le obligan a entregar las cintas para determinar si está involucrado en el caso Watergate, Nixon se niega, alegando la doctrina del privilegio del Ejecutivo. Pero el cerco alrededor del presidente se estrecha a medida que la investigación progresa:

- la instrucción revela las actividades ilegales de la administración fiscal, del FBI y de la CIA contra los oponentes. Se multiplican las dimisiones y las acusaciones de los colaboradores más próximos al presidente;
- aunque no se demuestran sus vínculos con el caso Watergate, el vicepresidente Spiro Agnew (1918-1996) se ve afectado por casos de fraude fiscal y se ve obligado a dimitir en octubre de 1973. Richard Nixon le reemplaza el 6 de diciembre de 1973 por Gerald Rudolph Ford, que es entonces líder de la minoría republicana en la Cámara;
- En julio de 1974, la Corte Suprema le ordena al presidente la entrega de las cintas a la comisión parlamentaria;
- En paralelo, la Cámara de Representantes inicia un proceso de acusación ante el Congreso (*impeachment*) por obstrucción a la justicia, abuso de poder y desacato al Congreso.

Nixon obligado a entregar las grabaciones de las cintas.

Poco a poco, la opinión pública estadounidense se aleja de su presidente. Su popularidad se desploma, pasando del 70 % en 1973, en el momento de la firma de la paz en Vietnam, a solo el 24 % en abril de 1974. Ante la inminencia del proceso de *impeachment*, Richard Nixon dimite el 8 de agosto.

REPERCUSIONES

EL RESULTADO EN MATERIA DE POLÍTICA EXTERIOR

Los resultados más tangibles de la presidencia de Richard Nixon, ayudado por Henry Kissinger, se obtienen probablemente en el ámbito de la política exterior. De hecho, a él se debe el clima de distensión que se instala en el país gracias al acercamiento diplomático con China, a la normalización de las relaciones con la URSS, al arbitraje de la guerra de Yom Kipur y, por supuesto, al final de la guerra de Vietnam en 1973.

Administrar la guerra de Vietnam es, incuestionablemente, el mayor desafío al que Richard Nixon tiene que enfrentarse durante sus mandatos presidenciales. El costo que genera es enorme:

- en el plano humano, los estadounidenses lamentan la muerte de 58 000 personas, y 300 000 personas resultan heridas, a las que hay que añadir casi un millón de vietnamitas;
- el costo de la guerra (160 mil millones de dólares) debilita peligrosamente el dólar;
- las consecuencias morales y psicológicas son duras. La juventud estadounidense sale afectada del conflicto, en particular los *Viet-vets* («antiguos combatientes»), que no son bien recibidos a su regreso a los Estados Unidos.

Por tanto, toda la sociedad estadounidense sale traumatizada de la guerra: se ha roto el consenso anticomunista y la confianza de los ciudadanos en sus instituciones se ha derrumbado. Los efectos del trance vietnamita se hacen sentir tanto dentro como fuera de los Estados Unidos, y conducen a la revisión de la política estadounidense en el mundo entero. De hecho, los Estados Unidos han perdido credibilidad ante sus aliados y su poder se ve seriamente afectado, especialmente porque dos años después de la firma de la paz, el 9 de marzo de 1975, los norvietnamitas lanzan una ofensiva contra Vietnam del Sur. Cuando Gerald Rudolph Ford recurre al Congreso para ayudar a Saigón, tiene que doblegarse a la hostilidad de los parlamentarios. El 30 de abril 1975, los norvietnamitas se apoderan de la ciudad y Vietnam se reunifica bajo la influencia de los comunistas.

Del mismo modo, el éxito de la estrategia de distensión dura poco. Culmina en agosto de 1975 con la firma de los Acuerdos de Helsinki, que reúnen a 35 países, incluyendo a los Estados Unidos y a la URSS, y que dan lugar al reconocimiento de las fronteras de Europa resultantes de la Guerra Fría, a una cooperación económica entre Oriente y Occidente, y también al compromiso de la URSS de hacer que se respeten los Derechos Humanos. Sin embargo, las relaciones entre las dos grandes potencias se enfrían rápidamente con la instalación de misiles nucleares en Europa en 1977 y, dos años más tarde, con la intervención militar de la URSS en Afganistán.

LA CONTINUACIÓN DEL LEGADO EN ASUNTOS SOCIALES Y CÍVICOS

Aunque más discreto, el balance del mandato de Richard Nixon en el plano nacional tiene una influencia más duradera en el campo de la política social y de los derechos civiles. Lejos de romper con las políticas del estado de bienestar, el gasto social aumenta considerablemente: de 1970 a 1976, el presupuesto destinado a la seguridad social se duplica. Aunque se reducen, estos proyectos en materia de ayuda social y de redistribución local siguen mostrando un verdadero progresismo.

Sin salir de este ámbito social, cabe señalar que el presidente tiene que enfrentarse a la Corte Suprema, que desempeña su papel de contrapeso político y judicial. Desde 1969, la Corte Burger, con cuatro jueces de los nueve que la componen nombrados por Richard Nixon, es más bien conservadora. En junio de 1971 se opone directamente al presidente en el caso de los Papeles del Pentágono, defendiendo el principio de libertad de prensa definido por la Primera Enmienda de la Constitución. Asimismo, se distancia de la postura del presidente legalizando el *busing* o incluso el aborto en enero de 1973.

En términos de derechos cívicos se registran claros avances, aunque Richard Nixon se contenta sobre todo con respaldar las reformas llevadas a cabo por sus predecesores:

- continúa la lucha contra la segregación en las escuelas del Sur, pasando de un 68 % de niños negros escolarizados en

escuelas segregadas a un 8 % en 1972;
- su administración apoya la política de discriminación positiva aprobada con Lyndon Baines Johnson a favor de las minorías étnicas y de las mujeres;
- en última instancia, desaparece la agitación étnica y racial existente durante la década anterior.

LAS LECCIONES DE LA GUERRA DE VIETNAM Y DEL WATERGATE

La conmoción que supusieron la guerra de Vietnam y el caso Watergate cuestiona el estatuto presidencial e implica la afirmación de contrapoderes. La Segunda Guerra Mundial, la Guerra Fría y, sobre todo, el conflicto de Vietnam, contribuyen al fortalecimiento del poder ejecutivo. La elección de Richard Nixon en 1968 sigue este camino, e incluso acentúa este proceso de «presidencialización», especialmente en el ámbito de la política exterior. Sin embargo, la guerra de Vietnam y el caso Watergate sacan a la luz los excesos de lo que el historiador estadounidense Arthur Meier Schlesinger (1917-2007) llama una «presidencia imperial».

A nivel institucional, el poder legislativo se venga incluso antes del escándalo Watergate. El Congreso deroga la resolución del golfo de Tonkín en 1970. Dos años más tarde, impone que se le entregue todo documento relativo a la seguridad del país, y sobre todo, decide detener el bombardeo de Camboya en junio de 1973. Por último, la adopción de la War Powers Act, que recupera las prerrogativas del Congreso y limita los poderes presidenciales en lo relativo al uso de las fuerzas armadas supone una verdadera afrenta para Richard Nixon. El poder legislativo recobra un papel que le había sido sustraído.

Por último, los medios de comunicación desempeñan un papel esencial que ya no volverá a contradecirse. Los reportajes de televisión le revelan a los estadounidenses las tragedias y la incertidumbre de la guerra, y las audiencias televisadas de la Comisión Watergate movilizan a la opinión pública en contra de Richard Nixon. Este escándalo, que es una verdadera crisis personal de un presidente descarriado, pero también una importante crisis política de la institución presidencial, acaba demostrando la solidez constitucional de los Estados Unidos.

EN RESUMEN

1913
9 en.: nacimiento de Richard Milhous Nixon

1947
Primeros pasos en la escena política

1955
Inicio de la guerra de Vietnam

1969
***20 en.*: investidura como 37.º presidente
de los Estados Unidos**
21 jul.: Neil Armstrong pisa la Luna

1973
20 en.: segunda investidura
28 en.: retirada de las tropas estadounidenses
de Vietnam
Abr. 1973-jul. 1974: escándalo Watergate

1974
***8 ag.*: dimisión**

1994
22 abr.: muerte

- Procedente de un entorno humilde y abogado de profesión, el ascenso político de Richard Nixon es fulgurante y está marcado por un profundo anticomunismo.
- En noviembre de 1968 gana las elecciones presidenciales con una ligera ventaja sobre su rival demócrata. Cuenta

con el apoyo de la clase media blanca, cansada y preocupada por el nerviosismo que afecta a la sociedad.
Esta «mayoría silenciosa» también espera que el nuevo
presidente retire las tropas estadounidenses de la guerra
de Vietnam.

- Desde el inicio de su mandato, debe hacer frente a una
coyuntura económica poco favorable, caracterizada por
déficits presupuestarios, por una inflación galopante y
por el aumento del desempleo.

- Lleva a cabo una política social de centro, lo que le vale
las críticas de los conservadores y de los liberales.

- Su diplomacia triangular permite dividir el bando socialista, abriendo la vía a la Distensión.

- En noviembre de 1972, Richard Nixon es reelegido. En
parte, debe su triunfante reelección al anuncio de una
inminente paz en Vietnam.

- Los Acuerdos de París, firmados el 27 de enero de 1973,
instauran un alto el fuego y la retirada total de las tropas
estadounidenses. El resultado de la guerra de Vietnam
para el bando estadounidense es duro: se cuentan 58 000
muertos y 300 000 heridos.

- Después del caso Watergate y bajo amenaza de un juicio
a favor de su destitución por parte del Congreso, Richard
Nixon se convierte en el primer presidente estadounidense en renunciar a su cargo, el 8 de agosto 1974.

¡Tu opinión nos interesa!
¡Deja un comentario en la página web de tu librería en línea,
y comparte tus favoritos en las redes sociales!

PARA IR MÁS ALLÁ

FUENTES BIBLIOGRÁFICAS

- American Council of Learned Societies. 1999. *American National Biography.* Nueva York/Oxford: Oxford University Press.
- Coppolani, Antoine. 1997. *La vie politique aux États-Unis de 1945 à nos jours.* París: Ellipses.
- Durpaire, François. 2013. *Histoire des États-Unis.* París: PUF, colección *Que sais-je?*
- Fohlen, Claude. 1988. *Les États-Unis au XXe siècle.* París: Aubier.
- Kaspi, André. 1986. *Les Américains. Les États-Unis de 1945 à nos jours*, tomo II. París: Seuil, colección *Points.*
- Kaspi, André. 1983. *Le Watergate.* Bruselas: Éditions Complexe, colección *La Mémoire du Siècle.*
- Kaspi, André y Hélène Harter. 2012. *Les présidents américains. De Washington à Obama.* París: Tallandier.
- Lacroix, Jean-Michel. 2009. *Histoire des États-Unis.* París: PUF.
- Mélandri, Pierre. 1984. *Histoire des États-Unis depuis 1865.* Poitiers: Nathan, colección *Nathan-Université».*
- Mélandri, Pierre, Jacques Portes. 1991. *Histoire intérieure des États-Unis au XXe siècle.* París: Masson, colección *Un Siècle d'Histoire.*
- Mourre, Michel. 1996. *Dictionnaire encyclopédique d'Histoire*, París, Bordas, 1996.
- Nouailhat, Yves-Henri. 2009. *Les États-Unis de 1917 à nos jours.* París: Armand Colin, colección *Cursus.*
- Portes, Jacques. 1992. *L'histoire des États-Unis depuis*

1945. París: La Découverte, colección *Repères*.

- "Richard Milhous Nixon". En *Larousse.fr*. Consultado el 24 de enero de 2014. http://www.larousse.fr/encyclopedie/personnage/Richard_Milhous_Nixon/135374

FUENTES COMPLEMENTARIAS

- Aitken, Jonathan. 1996. *Nixon*. Washington: Regnery Publishing.
- Ambrose, Stephen E. 1989. *Nixon: The Education of a Politician 1913-1962*. Nueva York: Simon & Shuster.
- Black, Conrad. 2007. *Richard M. Nixon. A Life in Full*. Nueva York: PublicAffairs Books.
- Coppolani, Antoine. 2013. *Richard Nixon*. París: Fayard.
- Hoff, Joan. 1994. *Nixon Reconsidered*. Nueva York: Basic Books.
- Nixon, Richard Milhous. 1978. *Mémoires*. Montreal/Nueva York/París: Hachette.
- Nixon Richard Milhous. 1980. *La vraie guerre*. París: Albin Michel.

FUENTES ICONOGRÁFICAS

- Debate televisado que enfrenta a Nixon con su rival a la presidencia, John F. Kennedy. © Associated Press.
- Campaña de 1968. © National Archives and Records Administrations.
- Encuentro entre Lyndon B. Johnson y Nixon, el 26 de julio de 1968. La imagen reproducida está libre de derechos.
- Investidura de Nixon el 20 de enero de 1969. © Oliver F. Atkins.

- Nixon obligado a entregar las grabaciones de las cintas. La imagen reproducida está libre de derechos.

PELÍCULAS Y DOCUMENTALES

- *El asesinato de Richard Nixon*. Dirigida por Niels Mueller, con Sean Penn, Naomi Watts y Don Cheadle. Estados Unidos: ThinkFilm, 2005.
- *El asesinato de J.F. Kennedy y la dimisión de Nixon*. Producido por Stephen Bennett y dirigido por David Bartlett. Inglaterra, 2006.
- *Frost contra Nixon*. Dirigida por Ron Howard, con Michael Sheen, Patrick Langella y Kevin Bacon. Estados Unidos, Gran Bretaña y Francia, 2008.
- *Los hombres de la Casa Blanca*. Producido por William Karel. Francia: ARTE, 2000.
- *Los últimos días*. Dirigida por Richard Pearce. Estados Unidos, 1991.
- *Nixon*. Dirigida por Oliver Stone, con Anthony Hopkins, Joan Allen y Ed Harris. Estados Unidos, 1995.
- *Nixon, el hombre que os gustaba odiar*. Dirigido por Patrick Jeudy. Estados Unidos, 2007.
- *Richard Nixon*. Producido por Alan Goldberg. Estados Unidos: ABC News Productions/A&E Network, 1996.

¡APRENDER NUNCA ANTES FUE TAN RÁPIDO!

www.en50minutos.es